El Marlín y la Sirena Protegen la Bahía

Basado en los personajes creados por Daniel R. Ford

Escrito por Daniel R. Ford
Lisa McLeod -Las ilustraciones del forro y del interior
Traducido por Katie Crouch

Copyright © 2015 Daniel R. Ford
Publicado por Greenhorse Media LLC

ISBN-13: 978-0-9855295-5-0

Número de control de la Biblioteca del Congreso
(Library of Congress Control Number) 2015913885
©2015
El Marlín y la Sirena Protegen la Bahía

El Autor – Daniel R. Ford

Me encanta el H2O!
En 1969 nuestra familia se mudó a la playa. Acerca del océano,
yo tenía la oportunidad de explorar este recurso natural y gigante.
Aprender a pescar y surfear me dieron la oportunidad de contemplar
los paisajes más bellos. Más tarde, yo me convertí en un cangrejero
comercial, y después ingresé a los U.S. Merchant Marines
y pude viajar y ver el mundo.
Con este conocimiento personal, tuve la oportunidad de escribir
un cuento educacional sobre las aguas, y como podemos decidir en
mejorarlas, para que estas virtudes se les sean infundidas los niños.

La Ilustradora - Lisa McLeod

Lisa aprendió a dibujar en la niñez, y durante algunos veranos,
ella reibió la preparación artística formal. Por años, a ella le ha
fascinado el arte de la Fantasía y del Realismo.
Además de pintar, le encanta leer. Algunos de sus escritores
favoritos son Neil Gaiman, John Green, Jack London, y Stephen King.
También, le gusta leer novelas gráficas y algunos cómics. En su
tiempo libre, ella es una maestra en jugar a los videojuegos.

La Traductora - Katie Crouch

Katie asistió a la University of Virginia. Ella tiene dos
especializaciones, una en la literatura hispana/el idioma español, y la
otra en el idioma chino. Más que nada, a ella le encanta explorar los
cuentos que creamos para las generaciones venideras. Ahora ella trabaja
en CommuniKids, una escuela multilingüe. CommuniKids tiene cuatro
centros de enseñanza en Virginia y Washington, DC. Ella ha
interpretado y traducido el inglés y el español por años, pero esto
es su primer taller fuera del campo médico o escolar.
(Y ella está muy emocionada de recibir esta oportunidad).

Mil gracias a
Carlos Cálix, Polette Centellas, y Jessica Paredes,
quienes ayudaron a editar el libro.

<u>Agradecimientos</u>

Es nuestra responsabilidad de proteger y limpiar los ríos, las bahías, y los océanos,
los cuales fueron creados para nosotros.

Mi Esposa, Dougie
La guía de esta mujer ayudó a propulsar este proyecto!

Nancy L.
¿Dónde puedo empezar? Por todos los años que te he conocido,
siempre has sido una amiga y aconsejadora fantástica. Muchísimas
gracias por todo tu tiempo y sabiduría que me has ofrecido.

Para los amigos y la familia
Mil gracias por todo el apoyo y la paciencia.

Para que las posibilidades infinitas cuando la Imaginación, la Inspiración,

y la Ilustración se logren combinar.

<u>Dedicación</u>

Para los niños, los cuales serán los líderes y los diseñadores
de la nueva política, porque protegerán la bahía.

Para el Marlín y la Sirena en mi vida,
Rhys y Olivia

El Marlín, la Sirena, y la Bahía de Chesapeake

En el fondo del mar
- si puedes imaginar -
Había un ser elegante
Y un héroe triunfante

La sirena va primero
Con los ojos verdinegros.
Con la piel más bella
Y una aleta cerúlea.

Conocía todos los peces
Los podría nombrar mil veces.
Le gustaba descansar
En la playa del mar.

Una caballa del mar, ésta
Era su mejor amiga.
Se llamaba Marisol.
Tan dorada como el sol.

Tan rápida como un pez sierra,
Tan fuerte como una ballena.
No debes subestimar
Esta caballa del mar.

Un Marlín era el héroe
Muy fuerte y valiente.
Él podía cruzar
Los siete mares.

Era el Marlín más gigante
Y tenía una opinión importante.
Una cosa le pareció muy impura
Porque no le gustaba la basura!

Ésta es la historia
De los dos y su aventura,
De como querían proteger los océanos
Para mí, para ti, para todos nosotros!

La historia empezó
Un día soleado,
Cuando nadaban el Marlín y la Sirena
En la boca de la bahía.

Y de pronto a la distancia
Vieron la basura
Que se dirigía al mar
Y lo iba a contaminar!

Para ellos, era una sorpresa
Al ver toda esa basura
Ellos pensaron, "Ay, que tristeza!
Los humanos destruyen la naturaleza!"

Así que empezaron a investigar
El origen de la basura en el mar.

Querían tratar, de cualquier modo,
Ponerle al fin, de una vez a todo.

Siguieron el rastro de la basura
Y nadaron a la bahía.
Allí conocieron a un pez
Que dijo "Adivina quién soy, pues!

Soy pequeño y resbaloso
Y algunos peces gigantescos
Me consideran merienda
Cuando me ven en las olas.

Nado toda la noche,
Todo el día
Filtro el agua
De la bahía.

Nado en los bancos de peces.
Hay tantos peces que contar
Que los depredadores más grandes
No me pueden encontrar.

No soy marsopa

Ni soy bailarina

Sino que un pez pequeñito -

Un sábalo atlántico."

Siguiendo el rastro de la basura,
Encontraron un pueblo a la costa.
Y a lo largo del pantano arenoso
Vieron algo marrón y misterioso.

Se acercaban un poquito,
Mirando el lecho del río,
Sorprendidos y asombrados
Al ver lo que había a su lado.

Porque en la bahía
Por todas partes había
Miles de ostras
Metidas en la arena.

**Así que las ostras
Dijeron en voz alta
"Nosotras sacamos las algas
De nuestra bahía.**

Filtramos, a la hora,
Dos galones de agua.
Si hubiera miles más de nosotras
Seríamos aún más poderosas!

En el pasado, había una vez
Cuando podíamos filtrar, no en meses
Ni en semanas, pero en tres días
Toda la bahía.

Ahora somos tan pocas entre la basura,
Que crecer aquí es cosa muy dura.
Nosotras tenemos que descubrir
Un lugar en que podemos vivir.

Si pudiéramos encontrar un sitio seguro
Podríamos mejorar el agua, hacerla más pura
Y cumplir el sueño de proteger la bahía!"
Ellos se despidieron de las amigas.

El Marlín y la Sirena

Continuaron su aventura,

Evitando las medusas, los tiburones

Y los barcos gigantones.

Y por el rabillo del ojo
Miraron algo rojo.
En esta marea, es cierto
Que todos los peces estaban muertos.

Una proliferación de algas tóxicas
Se acercaba a la bahía,
Matándolo todo
Que estaba en el camino.

Los nutrientes y fertilizantes peligrosos

Pueden lastimar a todos nosotros

Porque hambrean todos los animales,

Los pequeños y los grandes.

La basura era excesiva
A causa de toda los desperdicios que había.
En las ensenadas empezaba
Y hacia la bahía se dirigía.

Al lado del césped verde
Cerca del desagüe
Había toda clase de basura
Esperando a que lloviera.

Al fin, el Marlín y la Sirena
Encontraron el origen de la basura.
Tenían solo una pregunta relevante
Que querían preguntarte.

Si sabías de la contaminación horrible
que de nuestros pueblos viene
que llega de las ciudades y otros lugares
hasta quedarse en los mares,

Que podrías hacer para limpiar
La bahía y el resto del mar
Para protegerlo del plástico,
Las latas, y los otros desperdicios?

Y toda la basura que flota
En los ríos y en las bahías,
Que a los mares se dirige
Y continúa aún más allá?

Definiciones

Las algas – un organismo parecido a una planta. Las algas son fotosintéticas y acuáticas. Crecen por todo el mundo, tanto en el agua dulce como el agua salada.

La Bahía Chesapeake (The Chesapeake Bay) – Es el estuario más grande de los Estados Unidos. Más de 150 ríos y arroyos se dirigen hacia esta bahía. Los ríos vienen de muchas regiones, incluso del District of Columbia, Maryland, Virginia, Delaware, New York, Pennsylvania y West Virginia.

Los desperdicios – la basura encontrada en la tierra y en las aguas.

Fertilizantes – Añadimos los fertilizantes a la tierra para mejorar el crecimiento de las plantas. Los nutrientes como el nitrógeno (N) y el fósforo (P) son fertilizantes. Si son demasiados, pueden dañar la calidad del agua.

El sábalo atlántico – un pez que come por filtrar el agua. Puede filtrar 4 galones de agua al minuto, lo cual limpia a las aguas, al igual que el plancton que atrapa. El sábalo naturalmente ayuda a controlar la marea roja que puede arruinar nuestra bahía.

Las ostras – Las ostras son moluscos bivalvos. La Bahía Chesapeake es uno de los sitios más grandes en que viven las ostras. Las ostras comen algas al filtrar el agua, 2 galones a la hora. Ellas también limpian las aguas.

La Marea Roja – Es una proliferación de algas que ocurre cuando las algas crecen descontroladamente. Puede lastimar a los peces, los moluscos, los mamíferos marinos, los pájaros, e incluso a los seres humanos.

Los ríos – Algunos de los ríos más grandes que directamente se dirigen a la Bahía Chesapeake son el Susquehanna, Patuxent, Potomac, Rappahannock, York, y el James River.